꽃 하나 핀 것뿐인데

꽃 하나 핀 것뿐인데

박승룡 시집

우리글

축하의 글

이 은 심(시인)

1.

봄이다. 시작. 출생. 발생.

생기의 때에 사람들이 하는 말은 모두 푸르다. 가슴이 푸르기 때문에 감출 수 없는 말이 모두 시가 되어 용출한다.

넝쿨처럼 마디마디 매듭을 지으며 역사적인 선을 이어가는 꿈꾸는 시인이 있다. 타고난 본성이 푸르기 때문에 언제 어디서나 복음의 전파자가 되어, 빛의 투명 입방체로 어둠의 시간을 꿰뚫고 앞으로 나아가는 그는 생명의 화살이다 . 태곳적부터 내려온 직관의 화살을 달고서, 어둠 그 자체에 지나지 않는 혼한한 삶의 현장을 관통하는 것이다.

2.

검고 누른 것이 붉고 푸르게 변화하고, 붉고 푸른 것이 검고 누르게 변화하는 것이 천지간의 조화이다. 천지간에 나고 죽은 것이, 나고 죽은 것이 천지간에 끊임없이 이어지는 것이 천지의 조화이다. 도와 덕을 구하여 만나고 동일한 시공간에 마주치고 필요한 것을 서로 나누는 것이 삶, 그 자체. 무릇 속일 수 없는 생명 활동인 것이다.

하늘이 소리쳐 부르자 땅이 온몸으로 응답하며 냉이와 쑥을 토해내었다. 생명의 응답에서 온 들녘으로 퍼져나가는 생령의 교감, 대지의 반향은 크다. 빛과 어둠으로 상응하는 만물의 내면이 점점 깊어지고 점점 넓어진다. 생멸하는 공동의 운명에 공감하며 성장하는 생명애. 끝없는 수평을 향하여 걸어가는 실천의 시작이다.

3.

대지의 향연에서 붉고 푸른 빛깔을 빼앗아간 자연은 계절을 바꾸어 돌아왔다. 어김없이 원색을 돌려주기 위하여, 봄의 여신의 모습으로 변신하여 왔다.

냉이의 뿌리가 어머니 대지의 젖가슴에 닿아있음을 확인하고, 생령이 가득한 봄날 들판에서 막 생겨나는 나뭇가지의 새순처럼, 서로에게 꼭 필요한 존재임을 알고, 살그머니 자신의 존재를 떼어주고, 서로에게 필수적인 자양이 되는 자연성분을 섭취한다.

봄날의 대지는 신의 아이들처럼 분주하다. 잿빛 겨울하늘을 지고 다니느라 짓눌린 무거운 어깨를 내려놓고, 산뜻한 운동화로 갈아 신는다. 달리기 경주에서늘 선두에 서던, 사랑의 중매쟁이의 입가에 헤설픈 웃음이 걸린다.

자연의 향연을 베푸는 대지의 모신이 이 봄에도 변함없이 찾아와 이 땅위에 온갖 종류의 씨앗을 뿌리고, 기르고, 보살필 것을 만물에게 명하니, 이 지상에 숨을 박고 사는 모든 것들에게 더욱 풍부하고 알찬 삶이 약속되리라 . 그늘진 곳을 더 많이 찾아가는 공평무사한 햇살처럼…….

생명의 향응을 서로 서로 기꺼이 권면하는 자연의 너른 품, 마음 내키는 대로 필요에 따라 먹이를 주고받으며 심신의 다른 성분을 쪼개고 나누며 영혼의 자유로운 교유에 취하니……. 생동하는 생존의 터에서 자양이 넘치는 나의 존재를 구하며 너의 존재를 더하며, 서로를 깊숙이 알아가네.

축하의 글

이 인 영(민주당 최고위원)

우리가 살아가는 데 작은 것에 만족이 있어야 합니다.

살아가는 데 꼭 필요한 것들만 지니고, 하찮다 여기는 것들도 소중히 여기며 작은 것의 소유도 감사하게 생각하다 보면 어느새 우리 마음에선 맑은 기쁨이 샘솟습니다. 우리는 그것을 행복이라 말합니다.

그 행복은 결코 말로써 관념으로도 받아내는 것이 아니고 채우고 채워 넘치는 것도 아닙니다. 만족하는 삶 자족하는 삶이야말로 진정한 행복입니다.

나는 박승룡 시인의 시를 보면서 풍요 속에서는 사람들이 병들기 쉽지만 맑고 투명한 가난 속에서는 평화를 이루게 하고 올바른 정신을 지니게 하는 것을 느낄 수 있는 글이라 생각해봅니다.

요즘 글이 상업적으로 흘러가는 경향도 있고 순수한 글도 존재하고 하지만, 시가 주는 훈훈함이 잊어버린 시간도 온갖 시름에 물든 잡념도 말끔히 씻어내는 청량제가 되니 어쩐지 작은 행복이 주는 기쁨이란 역시 좋은 글에도 있는 것 같습니다.

또한 박승룡 시인의 글은 우물가에 갈증을 느끼는

나그네에게 사래가 들지 않도록 버드나무 잎을 넣어 주는 작은 배려가 곳곳에 스미어 기쁨을 느끼게 됩니다.

저 계곡에서 흐르는 물이 더 넓고 넓은 바다를 향해 흘러가듯 이 작은 글이 여러 사람들에게 훈훈한 마음을 적시는 단비가 되어주길 바랍니다.

월도천휴여본질 유경백별우신지 月到千虧餘本質 柳經白別又新枝

"달은 천 번을 일그러져도 그 본질이 남아 있고 버드나무는 백 번이 꺾여도 새 가지가 올라온다."

박승룡 시인의 글이 꼭 그렇게 닮아 있습니다.

시인의 말

문득 시를 쓴다는 게 생산성 없는 초라한 일이듯 허할 때가 있습니다. 내 시가 자기 상사도형처럼 생각이 들기 때문이 아닐까 합니다. 자기 상사도형이란, 어떤 형체 속에 동일한 모양의 작은 형체가 들어가 있는 패턴이 계속 이어지는 것을 말합니다. 예를 들면 '벌은 꽃 안에 꽃은 정원 안에 정원은 토담 안에…….' 혹은 '세계는 신 안에 그리고 신은 작은 별 안에.'처럼….

어떻게 생각하면 시의 본질은 시공時空인 듯합니다. 시의 구조는 공간뿐만 아니라 시간에 대해서도 자기 상사형을 기본형으로 하고 있기 때문입니다.

현실의 시에서는 주기성과 일회성이 혼합되어 나타나기도 합니다. 년년세세화상사年年歲歲花相似입니다. 봄날의 꽃은 작년에도 올해에도 그리고 내년에도 피어납니다. 세세년년인부동이 아닙니까. 자세히 보면 꽃 한 송이 한 송이 매년 다릅니다.

그러나 난 아직 일회성의 시詩로 여러 사람들에게 혼란을 주고 있는 듯해 불안하고 초초합니다. 공부를 조금 더 해야 할 것 같습니다.

2011년 봄
박승룡

차 례

축하의 글 – 이은심 … 5

축하의 글– 이인영 … 8

시인의 말 … 11

남북정책 … 19

이사 온 까치 … 20

가난 … 21

구로구청 십자로 … 22

마라도 섬 … 24

세상의 열쇠 … 25

봄 햇살 … 26

꿩의 생존 … 27

도로의 사체를 위한 영가제 … 28

라일락 꽃 … 30

매미처럼 … 31

물거품 … 33

차茶속에 달빛 … 34

예슬 혜진 특별법 … 35

당신이 그리워 … 36

욕심 … 38

봄 … 39

IMF 이후 … 40
겨울나무와 어머니 … 41
파란 집 사람들 … 42
인고의 시간 … 43
구름의 반란 … 45
재찍의 팽이는 멈추었다 … 48
차라리 뒤쳐져 헤엄치고 싶다 … 49
욕망 … 50
고로쇠나무의 소원 … 52
마음의 빗장을 열며 … 54
후회 … 55
지구 온난화 … 56
흥부와 놀부 … 58
난蘭 … 60
나의 어머니 … 61
겨울나무 … 62
치자 꽃 … 64
해바라기 … 65
첫사랑 … 66
황태 … 68
나팔꽃 … 69

외로움 … 70
이젠 기다리지 말자 … 71
나 이제 알 것 같아요 … 72
금강산 기행 … 74
우리 모두 고통을 안고 산다 … 75
본성을 잃어버린 담쟁이 풀 … 77
틈 … 78
사는 것 … 79
작은 다짐 … 80
원곡동 사람들 … 81
노을 … 83
빨간 우체통 … 84
어느 장애인의 죽음 … 85
꽃 하나 핀 것뿐인데 … 87
호두 … 88
태안반도 모래사장 … 89
모기 … 90
그대가 있기에 … 91
함께 모이자 … 92
덫 … 94
합장 … 96

마지막 순간에도 … 97
기다림 … 98
너로 인해 작은 별이 되다 … 100
눈 … 102
줄탁동시啐啄同時 … 103
실직자의 저녁 만찬 … 104
바람에 촛불이 흔들리는 밤 … 105
나눔의 집에 핀 꽃 … 107
여전히 천둥은 친다 … 108
숭례문 불타는 날 아버지를 그리며 … 110
밤이 깊을수록 별은 빛나 … 112
보복 … 113
근심 없는 집은 없다 … 115
허망한 분노 … 116
욕정 … 118
나를 태워 당신이 산다면 … 119
참 고민 된다 … 121
너 하나를 담으며 … 122

해설

봄 햇살 같은 따뜻한 시선視線-이춘원 … 125

꽃 하나 핀 것뿐인데

남북정책

하늘 저 끝없는 모서리 실구름 등에 업고
그 끝나지 않는 통곡의 슬픔으로
남과 북을 넘나드는데

구곡간장 다 타버린 심장의 피가 마르기도 전에
주체탑에 걸쳐 앉아
회한의 소주 한잔 마시며
온 창공을 넘나드는 실구름처럼
너울너울 날을 수 있을까

오늘은 웬일인지
넘어야 할 실구름 보이지 않고
휭 하니 황사만이
희뿌연 창공을 떠다닐 뿐

이사 온 까치

마침내 십자가 맨 꼭대기에 올라 앉아
울음을 토해내고 있었다

실버들 눈꽃 피는 초이틀 밤
텅 빈 가지 얼키설키 지붕 없는 집에
긴긴 동짓달 삭막했지만

뒤돌아보면
은혜로운 가을날 있어
공명하며 지새운 날 많아
청춘을 즐겼건만

내 마음 밤꽃이 필 무렵
나무는 잘리고
내 쌍둥이와 색동 아내랑
밤낮없이 붉은 빛을 내는
이 십자가 틈 둥지가 그나마
하느님의 선물 같아
마냥 두렵다

가난

비가 오나 눈이 오나
말뚝에 서성이던 널 보내며
난 많이도 울었다

사소하게 낮잠을 자는 일에도
거친 밭갈이에도
선한 눈매로 마음을 전하던
그날 이후
가세가 기운 아버지는
널 꼭 팔아야만 목에 풀칠을 한다며
뒷걸음치며 목청껏 나를 향해 울며 울며
두 눈만 껌벅이던 널 보냈고

동생을 잃어버린 형처럼
피우기 전에 시들어버린 치차처럼
사랑을 이야기하기 전에 날아 가버린 파랑새처럼
고독과 슬픔으로 가난을 원망하며

나는 단단하게 묶어둔 말뚝을
쏙 뽑아버렸다

구로구청 십자로

내가 이 십자로 길에 나선 건
허름한 기와로 둘러친 담장과
울밑에서 긴 울음을 치켜 올리는 봉선화와
파란 나무, 정교하지 않는 기막힌 숨통으로
금방이라도 잡귀를 몰아내는 천하여장군과
지열을 받고 튀어 올라
생성의 열망을 붉은 꽃으로 환생시킨 지하대장군이
금방이라도 십자로를 가로질러
십자로 광장 중심에 덩실덩실 춤을 추듯 한 까닭

처음 이 길은
긴 노동자의 피맺힌 한숨과 통곡으로
종과 횡으로 스크럼을 짜며
기미년 독립만세를 부르는 우리의 누나 형처럼
머리에 흰 두건 동여매고
구슬픈 노동자의 한 맺힌
노동의 노래를 울부짖다 시퍼런 칼날에 몸이 잘리고
까만 눈동자가 바래 금방이라도 썩어 들어
더 이상 자유를 이야기 할 수 없는
긴긴 분노의 성지

그런 성지로 걸어 들어갔다
성지 각각의 도로마다
휘황한 단란주점과 근접을 유혹하는 러브호텔
어둠을 가로질러 질주하는 자동차들
금방이라도 백 촉 레온 불빛에 영혼들이 몰려들어
민주주의 열망으로 이익만을 채우는 역신들에게
큐릴류 해안으로 몰아내듯 우르르
밤하늘 별들이 피어올랐다
별들은 이 십자로를 비스듬히 비추고 지나갔다

마라도 섬

– 문명

마라도 섬에 올라 팔을 펴고
허공에 긴 숨을 내쉰다

내 진정 살아 있음에
호흡은 심연의 바다 속을
돌고 돌아 파도를 만들고
협곡 사이 우뚝 서서
붉은 이를 드러내는 해와
아쉬움에 자리를 내주어야 하는 달과
문명의 이기를 싫어하는
태초의 아담인 나를 향해
청명한 새 노래를 지휘하는
마라도 섬이여

태초의 신비는 벗겨지고
새롭게 피어나는 쑥부쟁이 틈에
자장면 오색 열풍으로
섬은 시들고
내 긴 호흡도 길어진다

세상의 열쇠

바람으로 인해 꽃이 피고
그 바람으로 인해 꽃이 지듯

내 마음으로 인해
사랑이 되고
그 마음으로 인해
미움이 되고

숫돌로 인해 칼날이 빛나고
숫돌로 인해 그 칼날이 녹슬듯

공존도 멸망도 결국은
하나 되는 세상에 어리어 서서
하얀 미닫이문만 밀고 닫고

봄 햇살

당신이 아니었다면
그저 땅속 깊숙이
거름이 되어 물과 함께
썩어버린 흙이 되어

당신이 아니었다면
그저 작은 풀이 되어
뭇사람들에게 이리저리 밟히는
천덕꾸러기가 되어
구천을 떠도는 망자로
원망과 한숨으로 살았을 것을

그래서 나는
겨우내 숨죽인 벌들과 나비 불러

노랗게 파랗게 빨갛게
기지개를 켤 때마다
작은 분침으로 봉분되어 피울
새 생명의 연분홍 꽃에
바람과 나를 함께 내리어

꿩의 생존

봄 나무의 산란과
아침안개의 부연으로
그토록 기다린 도피처가 생겨
마음 놓고 울어 본다

지난 시간 나무들은 벌거숭이
내 머리는 황금빛 색동으로
식탁 꿩만두의 유혹과
둥글게 떠오르는 달빛에 투영되어
날개와 꼬리 깃털은 은빛으로 치장되어
모사꾼의 모자에 꼽혀질 위엄스런 날이 많아
살아도 산목숨이 아닌 지옥 같은 날

나의 어미는 늘 당당하라 말하지만
내 삶의 당당함은 오로지 살아남는 것

황망한 겨울날
나뭇잎에 머리를 박고
풍성한 여름을 기다리는 까닭은
마음 놓고 꿩꿩 하고
울어보고 싶은 본성 탓이다

도로의 사체를 위한 영가제

도로에 쓰러져 신음하고 있는 그대에게
작은 물기라도 후 불어 넣어
단 일분이라도 생명을 유지할 수 있게
별빛과 달빛과 그대의 부모를 대신하여
이 외등처럼 작고 초라한 물병에 물을 담아
커다란 그대의 몸무게
수 천 배가 넘는 대형 트럭이 오기 전에
조심스레 이마를 짚어보고 잠시 잠깐만이라도
물 한 모금이라도 먹여
정말 그대의 고향인 푸르른 안식처에 보내드리고
잠시 이 성장 속에 그대들을
이 험한 도로에 서성이게 한 이 나라를 대신해
참회합니다

그대의 육신이 아스팔트와 똑같은 색깔로 변해
흔적조차 없어지기 전에 한 장의 스냅 사진과
멍한 눈매와 갈아 없어진 그대의 속눈썹을 그려
미술대전에 '생존의 분노'로 대상을 받아
그대의 고통을 외면했던 시간에 대한
참회이기도 합니다

늦었습니다
아주 늦었습니다
그래서 난 이제라도 작은 봉분이라도 만들고
그 옆에는 작은 솟대에 풍경을 달아
더 이상 아프지 않는 영혼을 위해
물 한 모금 뿌리옵니다

라일락 꽃

가난한 들판에
장승처럼 버티고 서서

약사여래 대웅전 뜰에
토담집 비리한 개집에
자욱하게 꽃향기를 펼쳐 놓던 이

추녀 끝자락 대롱 걸린
풍경 속으로
행복한 목숨 속 들어가
바람 따라 바람 따라
행여 떠질라

땡그랑 땡그랑 쇳소리만

매미처럼

목이 차게 그리운 이여
당신과 헤어지고
목구멍에 음식조차 넘길 수 없어
패잔병이 되어 흰 두건을 두르고
당신이 나의 전부였던 시절이 떠올라
견딜 수 없는 고통으로 하늘을 봅니다

두둥실 구름은 당신을 닮아
순백의 모습으로 자유롭게 떠다니고
폭풍우를 담은 성난 하늘은 내 마음을 닮아
바늘 한 점이라도 스치고 나면
우르르 쏟아질 듯 토끼의 충혈 된 눈처럼 아파와

차 안에 가만히 앉아
그대가 준 시디 한 장을 만져보니
햇살이 제법 따뜻한 날 녹음된 것처럼
마음도, 몸도 신열로 뜨겁게 달아올라
내 그대를 보지 못하면 죽을 것 같아
간절한 마음으로 독기를 품어 불러 봅니다

어느 샌가 지독한 그리움에
목이 터져 쇳소리로 변한 매미처럼
신경이 날카로워진 나는 아마도
전생에 그 먼 날갯짓을 향한 기다림에
지치고 지친 굼벵이였을까

내 생이 다 할 때까지
그대를 향한 그리움으로
그 희망 놓지 않는 굼벵이가 되어
이글이글 목청 높여 마음껏
울 수 있다는 희망으로

물거품

잠을 자려고 해도
오줌 마려운 강아지처럼
안절부절 서성거리다
창 너머 너를 본다
이미 생기를 잃고 옹이진 손과 발
산발이 된 머리와 움푹 팬 눈

이승과 저승을 이어준
가난과 부를 이어준
이 창을 열고

단 한번만이라도
풀 먹인 모시에 원앙 한 쌍을 수놓은 이불에
축 늘어진 젖살을 파묻으며
가련하게 속눈썹의 울림으로
새록새록 숨 쉬며 잠들어봤으면

움집의 거적 바람에 날려
헐벗은 나를 본다

차茶속에 달빛

하던 일 멈추고
그 근원을 더듬는다

험악한 바다를 넘고
준험한 산맥을 넘고
싸릿골 계곡을 넘어
내 오두막 서까래를 지나
창호지 문틈 사이로 살며시 들어선 달빛

다례를 펼치느라 정좌하고 앉은 나는
쓴 차 한 잔
입가가 가려워 마시지 못하고
풍 맞은 사람처럼 안절부절 서성이다

찻잔 속에 살포시 내려앉은
그윽한 달빛 향에
한 많은 설움도 잊고

예슬 혜진 특별법

특별법을 만든다니
자식을 둔 부모들에게는 좋은 일이라지만
싸늘한 주검으로 돌아온 아이들
이름만으로도 가슴이 쓰리고 아플
그 부모는 어찌 되는가

신문에서
방송에서
법원에서
이름을 얼마나 많이 부를 텐데

혜진 예슬 부모는
죽을 때까지 아니
저승에서도
눈물 마를 날 없겠네

당신이 그리워

그대를 생각하면 아직도
이렇게 가슴이 아픈데
당신은 지금 무얼 하고 있는지
층층이 팔을 뻗으며 올라가는 가시장미
어쩌면 저리도 나를 닮아 가는지

한겨울 마르고 엉키고 뒤틀린 줄기
어느덧 파란 잎이 돋고
너울너울 불어오는 봄바람에
가시가 돋고
오가는 사람들의 눈길 따라
빨간 꽃이 돋고
그리움에 목이 멘 듯
담장을 거슬러 오른다

당신 눈길 따라
거침없이 담장을 오르는 장미처럼
내 마음도 그렇게 자랄 수 있을까

오늘은 봄비가 소슬 내리는데

아직도 그대를 잊지 못하고
봄비의 작은 원심을 가슴에 담아
작게 크게 네 얼굴을 그린다

욕심

초에 심지가 깊은 건
더 밝은
빛을 내기 위함인데

연꽃이 붉은 건
진흙이 더 찰지기 때문인데

밤이 깊은 건
별빛이 더 밝게 하기
위함인데

달빛이 강물에 비추면
그 본성 깨트리지 않는
그대로 여야인데

내가 아직도 이렇게
아픈 것 보면
아직도 난
탐심貪心이 가득 차 있나보다

봄

오랫동안 잠들었던
지심에서 잡귀들이
춤을 춘다

토끼 귀를 닮은
여우 꼬리 같은
염소의 수염을 닮은
섬뜩한 고양이의 눈 같은 것들로부터

알록달록 파란 한복으로
둘러 입은 신명나는
왈자패의 우두머리
무당녀의 춤사위로

머리는 파랗고
왼손으로 들어올린
시퍼런 칼날엔
작은 꽃망울이 두둥실

IMF 이후

별빛이 담은 하늘 바라보니
외등처럼 그을림으로
먹구름에 쌓인 하늘

새로운 희망으로
노를 저어 달려온 지난 세월
지친한 바람으로 몸살처럼 위태로워

학원비 줄이고
생활비 줄이고
늙은 부모 양로원 보내고

그 후로
물이 끊기고
전기 불 끊기고
전화 끊기고

이제 마지막 남은
이 육신 끊기고

겨울나무와 어머니

밤 깊은 산 그림자를
봄 바람이 꽃잎처럼 띄워놓고
알 수 없는 벼리로
하나 둘 파란 송이를 잉태합니다

마음에 고통이 생길 때 소중함을 알게 되듯
추운 겨울 버티고서
세월의 무게와 빛깔을 파랗게 세우는 지금
우리 마음에 비로소
선연한 것들로 넘치고 흐릅니다

견디기 어려운 고통의 날도
누가 알까봐 심연으로 인내하시고
기쁨 가득한 햇살의 만조는
고루 나누고자 뿌리 움츠리며
아주 작은 아주 조금만 들이기는
겨울나무가 어쩐지
속 깊은 어머니를 닮았습니다

파란 집 사람들

병풍처럼 둘러싸인
함초롱 집에
파란 그물 헤집고
연둣빛 싹을 내민다

땅속 깊숙이 잠자던 개구리
무장해제가 끝나
두 팔 벌려 자유를 이야기 하지만

그곳에 오랫동안 산
내가 왜 이리도 불안한가
너무도 많은 자유를
빨리 느낀 탓인가

따스하기엔
너무 이른 봄인데

인고의 시간

청아한 햇살에 바람 스치는 오후
나른한 강아지 몸 세워 일어나자
덩달아 몸을 세운
봄 나비

연신 불어대던 봄바람
법회가 시작되는
대웅전 부처님 머리위에
나래를 접고
고요히 눈을 감는다

시간의 기슭으로 거듭해보면
인간이 되어야 하지만
불같은 탐심이
인고의 세월을 견디도록 한
애벌레로 나비로…….

그리움

풍성함을 묻어두고
홀로 남아있는 감을 보면
왠지 나도 혼자이고 싶다

세상의 온갖 풍파
견디며 살아온 지난날
문풍지 윙윙 흔들림에 울고 싶지만
앙상한 나무에 나지막이 앉아
삶을 걱정하듯 울어대는
까치 노래에
이 가을밤 용서를 구하고 싶다

머지않아
하나 남은 저 감도 떨어지겠지만
푸르던 시절 가슴에 새기며
내일을 준비하는
당당함을 배우고 싶다

구름의 반란

한 생명을 잉태했다고 좋아했던 날
짧은 밤마다 영롱한 이슬로 치환되어
오만한 문자를 써내려간 구름은
밤이 되자 사라졌다

어둠에 방치되어
청명한 샛별과 동침하던 구름은
종족 번식하는 기능도 이미 잃었다

끝나지 않을 것 같은 고통의 담금질 속에
새로운 신비를 탄생한다는
불면의 진리 때문인지
텔폰의 신전을 이해했는지

그것도 아니면
하늘의 섭리에 빈틈을 내어주었는지 모를
안개가 걷히고
뜻 모를 무서운 그림을 탄생시켰다
어찌되었는지 향기도 없고
색깔 없이 물처럼 투명하고

물처럼 뜨겁다

반지의 제왕처럼 암호를 해독하기 위한
끝없는 열정은
에로스의 심리를 닮아 복잡했다

미움과 슬픔
슬픔과 증오
사랑과 기쁨
산과 바다
넓은 초원과 평야
삶의 여정처럼 펼쳐지기 시작했다

햇살을 담아 품어내는 저마다의 구름은
타고난 인성의 그릇이 다르며
몫이 정해져 있다는 명리학의 이론을
수정해야만 했다

저마다의 언어를 써놓고 나면
붉은 황혼에 자리를 내주며 사라진다

삶의 저편에
지루한 인고의 시간이 있었음을
아는 시간이 된다

채찍의 팽이는 멈추었다

지금은 마음의 평온을 찾을 시기
동산 위의 접동새는
각각의 지저귐으로
기쁨의 노래 한창이고
넓고 넓은 오대양 철모르는 고래는
추운 겨울 살얼음위로
긴 호흡을 품었다

원나라 군대를 물리친
고려 고종으로부터
회찬군 칭호를 받았던 화산 이 씨보다
더 긴 역사를 지닌 박혁거세의 후손이지만
알을 품은 어미 닭은 볼 수 없어
죽은 시조들만이
머나먼 비밀을 간직한 채
성난 삶의 파도를 밀어내고 있다

실험실에 잡아 놓은 개구리의 심장만
팔딱거릴 뿐
손을 쓸 수 없다

차라리 뒤쳐져 헤엄치고 싶다

괴로워 할 누군가를 생각하면
이 작은 괴로움은
괴로움이 아니다

늘 병약한 몸 어쩔 수 없이
누군가에게 죽음을 당해 밥이 되는
비정한 세계이지만
가끔은 갑절이나 나가는 굴욕도
돌고래의 등줄기처럼 꿋꿋하게 세워
오대양 육대주를 누비는 힘을 배운다

살다보면 온종일 햇볕이 드는 건 아니지만
한낮에 잠시라도 햇빛이 드는 걸 보면
뒤쳐진 나의 삶도 살기좋은 날

인생의 쓰레기라
손가락질 오가는 날에도
환하고 뜨거운 심장은
쉼 없이 뛰고 있다

욕망

울타리 넘어 혜성처럼 다가온 그녀
말없는 분노를 삼키며 다가온 그날은
미래를 알고 있는 듯
내 심장의 맥박은
먼 기억처럼 심장을 뚫고
대뇌 속으로 스며들었다

상처와 시련을 담은 혜성처럼 다가온 그녀
내 살갗속의 적록색 물길을 다독이며
저 끝 시선이 머무는 곳에 멈추었다

긴 봄의 매춘은
끝없는 욕정의 애무를 담당하지 못한 채
천길 만길 애욕의 떡잎처럼 매달려
천년 세월 동안 들꽃으로 피고 지듯
사라지지 않는다

소리 없는 탯줄이 풀리고
삶을 염전하듯 하얀 포말을 품어내던 날
내 머릿속 욕정은

절벽 끝을 향하는
능소화 더듬이 되어
바람 속으로 사라졌다

고로쇠나무의 소원

먼 산 너머 낯선 탄생을 꿈꾸며
가슴 조아리던 때를 기억한다
폭풍을 지나 각각의 사념을 넘어
뿌리칠 수 없는 긴 여운에 자리 잡고 서서
태동의 꿈을 추억한다

거미들의 포로가 되어
길다람쥐의 놀이터와
갈까마귀의 쉼터에서
먼 산 넘어 은취색 달빛이
휘영청 높이 올라 눈을 맞추던 때
꽃벌들의 방탕한 생활에
웃음 허허롭게 내비치던 날

어느 날 문득 다가와
내 긴 한숨 속에 잘려진 허리
긴 근육 속으로 익숙한 호스가
사단조 리듬처럼 들어왔다
나와의 첫 교감
내 끝없는 영혼의 분노는 소등이 되어

내 심장의 불빛을 붙잡기 위해 아우성치면 칠수록
심장의 혈액은 점점 물통 속으로 뚝뚝 떨어졌다

난 바람 앞의 돛단배가 되어
바다 속 깊은 적멸 속으로 스며들어 갔다
야맹증 박쥐처럼 어둠 속을 서성이다
한줄기 빛을 만나 실명이 되듯
아무것도 보이지 않았다

긴긴 겨울날 침묵과
어둠으로부터 예비했던 내 혈액은
물질로 세뇌된 인간들의 심장 속에
붉게 토하고 있을 게다

마음의 빗장을 열며

상수리나무 둥지를 가슴으로 껴안으며
목청 놓아 내는 꿩 꿩 꿩
조갈증 내며 아카시아 흰 꽃 타래 흔들며
딱따구리 딱딱 따딱
달맞이꽃 달팽이 꼬리 흔들며 벌렁벌렁
나는 깊숙이 인이 박힌
기쁨의 즙으로 깃발을 만들어
구천 깊은 별들에게 녹여드리고
문패 없는 곳에 살짝 내려놓은 달빛에게
콩닥콩닥 키 작은 한줄기 풀로 서서
불혹의 맥박을 듣는다

후회

영겁의 시간 속에 철갑처럼
감싸고 있던 슬픔의 껍질을 깨고
어머니는 외로이
아버지의 영정 사진을
깨끗이 닦고 있었다

서산 넘어
강남의 왁자지껄 추임새 소리와
휘황찬란한 주점의 성소에 몸을 부비며
어느 여인의 젖가슴을 넘나들던 불나방

파란 실금 같은 어머니의 옷소매
격정의 울타리 속에서 죽어라 버티어 낸
열정으로 기억될
아버지의 영정사진

따스한 햇살 한줌도
자기를 위해 쓰지 않던 어미의 얼굴엔
설익은 마흔의 내가
참으로 잘 익은 능금인가 보다

지구 온난화

물 속 세상에는
너와 우리들의 분노와 억압과 죽음보다
더 절절한 회한과 추억이 있는지 모른다

물 속 세상은
수많은 생성과
늙고 병들고 죽음과
복종과 명예와 복수와 고독이 넘쳐흐르는
지옥의 총 집합일지 모른다

이글거리는 태양이 칼날 같은 빛을 품어내며
조금씩 정적과 암흑 속으로
다시는 오지 못하도록
수심의 깊이를
긴 혀로 박박 긁어내고 있는지 모른다

바이칼 호수 깊은 곳 아롱진
대 변역기 쥐라기에 태동한 물고기와
마지막 지구의 종말을 고하는
거대한 노아의 방죽을 회상하며

오늘을 살아가는지 모른다

이 최후에 살아남는 자가 있다면
맷돌에 밤이슬 담아내는 밤과
십오 촉 전등을 만든 낮이 전부이겠지만
그것만으로 무한한 기쁨
우리 모두는 살아 있는 기묘한 시체

흥부와 놀부

밤과 낮
낮과 밤
두견이 우는 숲새를 지나
흥부 욕정의 어둠은 자식이 되어

허기와 자포자기로 가득 찬
생과 사의 경지에서
오늘은 모두
식은 밥으로 배고픔을 달랬다

아침이 오면
누구도 알 수 없는
배고픈 사연의 비밀이
내 고달픈 어깨를 흔들었고

지상의 천국이던
놀부 형님의 곳간은
석등이 되었다

같은 아버지와 어머니에게서 태어나

회한과 고통의 바늘에
풍성과 인색의 실에
우리가 재봉할 옷은
무엇인가

난蘭

참 이상해 보인다
모래 속 깊은 곳에 있으면서도
함부로 뿌리를 내릴 힘조차 없으니
투덜투덜 세상 회한으로
온몸을 사르며 오직 한길
푸름

어설픈 생각 보이지 않으려고
칼날 같은 한을 품고
우주 공간에
별의 세계에
땅의 세계에
적멸을 이루려는 고통

가난한 귀뚜리의 영혼에
바람 같은 귀틀을 틀고
바람 불면 사라질 그날을 위해
가슴 깊은 곳
푸르게 빛날 섬뜩한 칼
하나 두고

나의 어머니

대한민국에 사는 나는
우리나라 최고통치자인 대통령도 잘 안다
국무총리도 나의 삶을 쥐락펴락하는
대검찰청 총장도
서울대학 병원장도 방송국 사장도
신문사 사장도 잘 안다
이 시대의 최고 성직자인 추기경도
죽음도 초월해 불쌍한 중생을 굽어 살피는
총무원장도 잘 안다

그러나 내가 슬픔에 빠져 신음하고 있을 때
몸이 아파 시름시름 말라가고 있을 때
죽고 싶도록 사회를 비관하며
알코올 중독이 되어가고 있을 때
혼자 낯선 곳에서 밤을 지새우며
수의를 입는 날만 기다리고 있을 때
생명의 화살을 쏘아올린 사람은
그 누구도 아닌 나의 어머니

겨울나무

비명소리를 들었다
고요가 햇살을 키우며 다가오자
열량을 충전하지 못한 겨울나무는
손등에 파랗게 핏물이 생겨
모든 것을 다 버리고 외발로 서서
차가운 사투를 벌이고 있었다
누구를 향한 몸부림인가
살기 위한 비명소리인가

어디서 무엇을 하든
그것이 흙이 되어 사라진 듯
시공간을 초월해 자기 키보다 더 먼저
뿌리를 내리고
가장 멋질 때 다 벗어놓고 혼자가 되어
사색을 양육받기 위해 온 몸을 발하고
동산 가득 수의를 입고 서있는 그들은 간간히
바람과 햇살과
사람들이 유포한 생명의 화살을 받고 있었다

살기 위한 최소한의 일이라지만

찬란했던 그 시절을 회상하며
서로 부대끼며 살았던 그날로 돌아가길 원했지만
세월은 그 찬란한 빛을 모두 빼앗아 가버리고
앙상하고 볼품없는 빈 가지만을
온몸에 종기처럼 붙여주었다

신들의 장난인가
세월의 장난인가
그럴 때마다 불붙듯이 서로를 아끼고
그럴 때마다 불타오르는 열정으로
서로를 꼭 감싸며
가지로, 또 뿌리로
찬 기운을 밀어내고 있었다

치자 꽃

소쩍새가 적요한 백白으로
울음을 토하던 그날
나는 그날로 겨울은 끝났다고 생각했다

겨울이 지나
화단에 놓인 치자를 만났다
그 순백純白은
분수처럼 쏟아진 절벽의 기슭에
작은 풍경을 달았다

각각의 목숨을 달고
저마다 향기를 품고
오로지 멀리 보내고픈 바람은
치자의 순백을 이리저리 더듬고 있었다

나는 그 순백을 만지고 싶지 않았지만
꼭 한번의 향을 위해
제 몸을 불태운 치자의 죽음을
내 머리 속 깊은 곳에
꼭꼭 묻기로 했다

해바라기

초토의 기억이 사라지고
화단의 꽃들은 서로를 안으며
먼 환영幻影에 젖어
태양 빛을 피웠다

꽃이 핀 화단
축 늘어진 해바라기 밑에는
수많은 연탄재가 놓여 있다
쓰러지기 직전의 기마전

바람 앞의 등불처럼
부서진 나침판 같이
위기를 느낀 해바라기

커다란 키를 수직으로 세워
목도리처럼 두른 테두리에서
마른 날 치는 붉은 섬광을
번개보다 먼저 까맣게 심어놓고
해바라기는 침묵으로
태양을 삼킨다

첫사랑

– 민달팽이와 동백꽃의 사랑

푸른 동백 꽃잎에서
그대가 떠나간 후에
나는 비로소 알았습니다

가녀린 꽃집
수많은 침입자의 농간 속에
저녁노을처럼 붉은 사랑의 뿔을 내밀며
지탱할 수 없는 고열과 광기로
당신을 밀어냈습니다

그때마다 작은 몸매는
푸른 가지 끝에서 이리저리 서성이다
잠이 들곤 했습니다

넓은 바다 등이 휜 새우처럼 몸을 움츠려도
마르고 앙상해져서
더 이상 생존은 불가능 했습니다

내가 자처한 일은 아니지만
나의 생존 방법으로

작은 물기 뿜어내며 버티어 나갔습니다

내 푸른 살에
맛깔 나는 당신의 온기가 전해져 올 때
붉은 꽃망울 그대 앞에 살며시 떨구자
진홍빛 고요가 온몸으로 녹아내립니다
난 살아있음을 알았고
그 험한 길에서 견딜 수 있었습니다

꽃피우기 위한 고통
내가 살아가는 고통
그대와 함께 한 것입니다
그대가 내 곁을 떠나고 난 후에야
진정 그대가 필요함을 알았습니다

황태

긴 겨울 격렬한 목마름으로
얼고 녹고 다시 얼고
부드러움으로
인고의 윤곽을 각인하며
또 얼고 녹고

오대양 육대주
극동아시아 남단 동해 마을
저녁 불빛에 얼고 녹고

벌겋게 달려온 노동자
고단한 은빛 웃음에
얼고 녹고

산맥을 넘어 국경을 넘어
팔월 염전에도
동지섣달 칼바람에도
최고만을 고집하는 너

나팔꽃

인사동 십자로 길을 가다
시선을 잠시 멈추니
빌딩 사이로 불빛이 참 맑다

옆집 아저씨
궁색한 여인의 지갑에
미련이 사무치는지
목청을 돋우고
한줄기 바람은 빌딩 곳곳으로
어둠을 풀어 놓는다

싸늘히 내려 쬐던 햇살과
어둠을 온몸으로 받으며
한 떨기 바람처럼 속살을 드러낸 꽃

어둠의 절망에서 천년만년 살아남아
인사동 십자로 비탈로 서서
이른 새벽을 밝혀다오

외로움

산으로 둘러싸인 두메산골
가난한 농부처럼
나는 지금 울고 있다

우리는
처음 사랑한 소녀와 평생 어깨 어루며
아침 햇살 속에 겉옷을 벗고 너울너울
작고 소박한 꿈을 꾸었지

길은 수만 가지
잘못 들어서면 다시 돌아오지 못하니
침몰하는 유조선처럼 신중해야 하거늘

잊지 못할 두레박에
빈 마음 풀어져
방안 가득 달빛만 켜켜이
쌓이고 있다

이젠 기다리지 말자

쓸쓸하고 어둡던 가슴에
작은 촛불 하나
청보리처럼 술렁이며
내 몸 가득 밝은 피로
고단한 날개를 편히 쉬게 합니다

소심한 내가 할 수 있는 것은
바람 불고 낙엽지고 해가 바뀌는
일상을 기다리는 것이었는데

내면의 일이 허물어지고
그 촛불 하나로
호숫가 빗물이 둥근 우산을 만들 듯
내 마음 속에도 작은 소망
하나 둘 펼쳐집니다

기다림은
어두운 과거의 절벽으로 밀어놓고
잃어버린 삼십 년이 부조한 표정이
낙엽처럼 길 위로 떨어져 흩어집니다

나 이제 알 것 같아요

나라고 어디
벌레 소리에 한없이 이끌리는 소녀처럼
푸른 하늘에 머리 디밀고
청포도처럼 토실토실 익고 싶지 않았겠니

나라고 어디
서산마루 둥근달에 흰 옷 갈아입고
너울너울 춤추며
너와 내가 얼굴 맞대고
꼭 한번은 기쁨의 화산이 불타오르는
그런 날을 꿈꾸지 않았겠니

나라고 어디
초가을 열 하룻날
환히 들여다보이는 경대에 앉아
능수버들처럼 머리 풀어헤치고
다시 푸르러지는 한순간을
기다리지 않았겠니

그러나 수군거리는 짐승들 포효 사라지고

허무 속에서 날개 퍼덕이며
이 기이한 숙명을 맞이하는 날
처마 끝 호롱불 여위어가는 모습이
가장 아름다운 것을
이제는 알 것 같다

금강산 기행
– 보덕암

숨결이 머물다
딱지처럼 붙어버린 보덕암

두려움 속에
조바심 속에
뭉게구름 질질 오줌을 떨구고
저 멀리 밀려오는 파도
조심조심 하얀 포말을 굴리다
대웅전에 안기며 부서진다

병풍처럼 둘러싸인 절벽들
허연 이빨 드러내며 으르렁대다가도
천년을 지켜온
금강석보다 단단한 모습에
환한 새벽 햇살을 맞는다

대웅전 사이로
햇살 스민다

우리 모두 고통을 안고 산다

우리가 사는 모습이
모두 행복해 보이는 건 아니다

구름은 늘
비와 안개와 해를 지나가고
계절은
봄과 여름과 가을과 겨울을 박토하며
아이는 상처와 잔병으로 자란다

억새들은 하얀 바람에 제 몸 가누지 못하고
포플러는 겨울바람에 온몸을 벗어던지고
창밖의 목련과 까치는
제 빛깔 떼어 내어 집을 짓는다

걱정도 전염되는 것이어서
내 걱정 당신이 갖고
당신 걱정 내가 지니듯
험한 세상 기쁨민을 생각하며
잃어버린 그토록 고통스런 날을
붉게 물든 황혼녘 철새가 물고 오듯

우리 삶 속에 고통이 살아 있어
그곳에서는 밤마다 신음소리가 들린다
누구나 할 것 없이 모두에게

본성을 잃어버린 담쟁이 풀

그물처럼 뻗어있는 더듬이
기진한 누에처럼
숨 가쁜 호흡 끊이지 않고
관능을 자랑하던 젊은 줄기
탄력을 잃고
두 개의 바위틈에서
미라의 눈처럼 움푹 패인 채
한 잔의 물만이 애닳다

이따금 적막의 밤은 나의 몸을 휘감고
밤안개의 수량을 내 몸속에 뿌려보지만
나는 여전히 말라있다
함박눈처럼 포근한 담장도
더듬이를 찾으며
지나간 세월을 역광하며
회한의 추억만 되새길 뿐

다시 나에게 뿌리가 내려진다면
아름다운 담장 앞에서
헤매며 산다 해도
그게 좋겠다

틈

차라리 울고 싶습니다
그 길지 않은 세월 동안
비가 오고
눈이 오고
바람이 불고
천둥이 쳤습니다

어머니도
세월에 참 많이 아팠나 봅니다
굵은 주름이 더욱 깊어집니다

사는 것

일하고 노임 받아 사는 것이
이렇게 힘들까

시 한 편 써서 겨우
라면 한 끼 먹고 나면
전화며 전기세를 내야 하는
한 달이 이렇게 빨리 오는지
추운 겨울이 왜 이리 빨리 오는지

행여 가난이 부모님 탓이라 눈물 흘릴까
감정을 억누르며
봄꽃이 화사하게 피어오른
신춘문예 당선자에게
장미 한 송이와 상금을 주는 어느 시상식에서
어느 누구보다 환하게 웃어야 하지만

나는 자꾸 눈물이 난다
부모님이 생각나서
전기세가 생각나서
수도세가 생각나서

작은 다짐

풍요함보다 궁핍이
기쁨보다 슬픔이
우리 마음의 진상을
알게 하는 것 같습니다

사람은 나무와 달리
굵어진다 해서
더 많은 나이테를 품는 것이 아니며
많은 아픔 뒤에 성숙해지는 법

나는 오늘 바람보다 먼저 눕고 싶고
한번쯤 모든 것을 버리는 썰물이 되어
사람들 마음에서 진정한
체온을 느끼고 싶습니다

폭설이 내린 다음날
장대비가 내린 다음날
심하게 몸살을 앓던 다음날
그래서 내가 이만큼 성숙했을 때
모든 관념을 버리고
이 땅을 짱짱하게 다지고 싶습니다

원곡동 사람들
– 이주민이 가장 많은 곳

금강석보다 더 어두운 원곡동 사람들은
끝나지 않을 봄을 기다리고 있었다
그 작은 일터에서
몇 닢 푼돈이라도 받을 수 있을까
종종걸음 치고 있었다

아침저녁 그리고 새벽도 없는 그 한겨울에도
원곡동 사람들의 발은 뿌리째 얼어
아픈 단칸방 서리가 새긴 구석에서
얼고 얼어 바람으로 바람으로
원망을 토하고 있었다

그나마 일이 있어 다행인 스리랑카 인들은
공장 뒷마당에 만호를 걸어놓고
몇 천 년 전 부처가 이 땅에 오신 것은
이 같은 고통을 이겨내는 거라며
까마귀 울음처럼 한을 삭이고 있었다

죽음의 향내 가득한
보리알보다 못한 대우를 받으며
그 어두운 먹장구름 헤치고 겨우겨우

억새풀 웃음 섞인 고향친구라도 만날라치면
어디서 알고 찾아 왔는지
낚시 바늘에 묶인 물고기 되어
물 한 모금 없는 허공을 헤매다
은장도를 입에 물고 실신했다

세상살이 어두워
죽음 끝을 헤매다 문득
고향에 두고 온 그 똘망한 눈이 생각나
혀끝으로 눈물 훔쳐내는 밤

바람은 그치지 않고
산 너머 그 넓은 바다 너머
불타는 육신을 넘어
고단한 날개만 퍼덕인다

노을

외롭고 서러운 밤마다 사람을 찾아
사바의 땅을 헤매다
문득 나를 바라보는 거대한 물결은

삼동을 녹이고
추녀 끝 얼음을 녹이고
마른 후박나무를 녹이고
슬픔에 웃음 솟구쳐 나오는 동백을 녹이고
보고픈 발길을 따라 나의 긴 업보를 녹여

추운 겨울밤 달빛 안고
꽃잎처럼 기울었다

이별 이야기 가득한 지상의 일을
붉은 옷고름에 길게 떨구며
눈물 자국으로 찍어놓고 사라지는 건

이 땅에서 진정
사랑을 모르는 사람을 위한
마지막 투정의 몸부림

빨간 우체통

걸친 옷은 초라해도
어느 새벽녘
목련송이로 피어나는
저 너머 얼지 않는 열정을
쉼 없이 넣어두고

뜨락에서 살며시 벙그는
그대 모습 그리며
내 몸 만삭이 되어도

어느 빛깔
꽃이 되는 기쁨으로
여기 서서
해산 날을 기다린다

어느 장애인의 죽음

꽃피고 수풀 우거진 숲 속 얘기 들으며
눈물과 꿈은 천리 밖 하늘 끝에 다다라
함박 눈 뿌립니다

비록 두 발로 걸을 수 없는 몸이지만
이제 날개를 달고
남녘 눈밭 길과
그대가 꿈꾸던 조그만 반도를 지나
저 멀리 별나라를 향해
날 수 있을 것 같습니다

몸에 태극무늬를 두르고
양단 치마에 아롱진 보석을 달고
지상에서 가장 신고 싶던 롤러스케이트를 신고
새벽이 열리는 날
휘이 휘이 훨훨 날개를 달고
마음껏 달리고 싶습니다

족두리 하나 올리지 못하는 처량한 신세지만
엄마 아빠 손잡고 동산을 내달리고 싶던

그 마음으로 달릴 겁니다

가슴 아픈 건
옛 추억과 나를 돌봐준 많은 사람과
처음으로 세상에서 내 이름을 달아준 이와
숲 속의 이름 모를 산새와
살포시 다가와 눈가를 따사로이 감싸준 달님과
풋풋한 기억 속에 사라진 이 빠진 할머니와
파리한 손목을 으스러지게 쥐어주며
다 잘될 거라던 가난한 시인과 그리고 늘
다정한 학우들

눈물로 얼룩진 어머니
구름과 함께 노래 부르며
나 이제 좋은 곳으로 가렵니다
다시 태어나도 어머니 딸로 태어나
봄이 오지 않은 우리 집에
환한 꽃을 피우렵니다

꽃 하나 핀 것뿐인데

환하게 핀 난을 보았다
물 범벅이 된 난 뿌리
고은 점토와 헝겊으로
깨끗하게 갈아주며
뿌리가 내리길 바라면서도

너를 보면 질식할 것 같은
나의 게으름에 망설인 하루
온 몸을 끓이던 열기가
게으름을 비웃듯 점점 커져
심장에 촉수를 단다

난 귀가 열리고 온몸에 핏줄이 돋아
뜨거운 몸짓으로 동자승이 되어
별 같은 화관을 쓰고
덩실 덩실 춤을 춘다
단지 꽃 하나 핀 것뿐인데

호두

모든 것이 죽어 가는 듯한 가을 하늘 아래
이따금 쭉정이를 이야기 하는데
내 몸은 뜨거운 철갑으로
둘러싸여 있는 것이 아니냐

풍성함을 이야기하는
동네 이장도
지상에 지천으로 깔린 잡초들도
다 나를 마음에 들지 않아 한다

은빛 물결을 가르며
사라진 어머니의 태, 그 속을 다시 찾는
연어의 피 흘린 그리움처럼
나도 그 어린
감청색 댓바람을 향해 달려 왔는데

온몸은 철갑이지만
나는 지상에서 가장 부드러운
갓 태어난 아이의 뇌

태안반도 모래사장

모래가 가렵다
바람불어 모래지치 모래 위에 솟고
개미지옥 해파리 두둥실 노닐다
파도와 함께 모래 속에 파고들 때

가려워 몹시 가려워
반짝반짝 해실해실 웃음 짓다
몸속 깊숙이 모래지치 묻어두고
아기 품은 엄마인 양 살살 다독인다

엄마 품에 안겨 졸다
잠 깨어보니 천지는 암흑
새벽이 오는 물길에
내일은 청 옷고름 달고
푸르게 푸르게 몰려 왔으면

모기

나는 아무래도 당신 곁에 가야겠다
저 풍성한
아무도 반겨준 이 없는 그대의 등 뒤로

시끄럽고 번잡한 하루를 끝내고
뜨거운 심장 내려놓으며
고단한 일상을 정리하는 마지막 환희의 순간을
나는 놓치고 싶지 않다

마지막일지 모르는 나의 마지막 만찬
메마른 다리에 토실하게 살이 오르게
백내장으로 시력을 잃은 눈에 광채가 일게
목마른 젊은 숨결에 새 무지개가 일게
죽음을 건 배고픔의 한을
단 한번만이라도 실컷 흡입하고 싶다

아무리 생각해봐도 내가 당신을 선택한 건
뒷날 맑은 햇살이 빛나는 날
그대 품에 응어리진 죽음도 삶도
그대가 아니면 안 되는
끈끈한 인연 같은 것

그대가 있기에

내가 당신에게 얼마나 보잘 것 없는 사람인지
아무런 도움이 되지 않는 사람인지 잘 압니다
하지만 난 당신이 있다는 사실만으로도
내 마음속은 연분홍빛 노을로
온 천지를 붉게 물들이고
맑은 피가 흐릅니다

내가 당신을 기다리고 기다리다
제 한 몸 가누지 못하고
끝내 싸늘한 땅으로 떨어져
한줌 재가 되는 나뭇잎이 된 사실도 잘 압니다

당신이 가는 길
든든한 토양이 되고 거름이 되어
달콤한 열매를 맺지 못한 채
시름시름 앓아 쓰러지게 될지라도
내 곁에 그저 있기만 해도
마음 든든합니다

함께 모이자

모이지 않으면
우리 삶과 우리 언어는
용광로 철처럼 부글부글 끓어올라
붉은 철판이 되고 말 터인데

아득히 먼 옛날 낯선 이들도
갯벌의 진흙처럼 서로 얽히고설켜
숱한 생명을 잉태하듯
아득한 바람소리처럼 흩어져
고독한 신세를 경험하고 난 후에야
적막한 갯벌에서 눈송이 태어나고
우레와 빗줄기 태어나
네 혼을 붉은 빛깔로 물들이게 될 터인데

최후의 날 모두 불러 모아
빨치산 이야기며
마른 풀섶의 가련한 이야기 들려주며
엄동설한 마른 낙엽처럼 사라지겠지

모여야 산다

폭풍한설에도 서로 어깨 부둥켜안고
각각 향내를 뿜어내며
흩어진 모래를 진흙으로 감싸고
마른 갈밭에 바람을 멈추고
좌절의 역사를 내장한
화석처럼 나누어진 한반도를
은은한 달빛으로 감싸
응고된 육질을 하나하나 걷어내고
부드럽고 여린 갈치 속살로
모이자 우리 모두

덫

어제의 붉은 날개가 퍼덕였다
부드러운 창공에서 바람을 두드리며
공포의 비행을 마치고
무성한 상수리나무에 살포시 내려앉아
오늘을 이야기한다

떨리는 날개로 바람에 뜬 나뭇잎과
고약한 햇살을 가로질러
마디마디 쓰리고 아픈
가여운 나의 새끼를 위해
그 험한 꽃동산을 헤맨다

지옥 같은 여정
모든 것은 평온하고
나의 심장은 작은 것이라도 얻기 위해
삶의 전쟁터를 표류하지만
아무것도 얻지 못한 채
그저 날개만 퍼덕인다

사람들아

나도 달콤한 창공에서
폭풍우에도 서슴지 않고
그물마저 무서워하지 않고
바람처럼 구름처럼 훨훨 날고 싶은데

삶은 너무 가혹한 시간
너와 나의 그 탯줄 같은 인연도
날수 없는 권리마저도 잃어버려
우리에겐 내일이란 자유는
이미 없다

합장

너 싫다
더 이상 쓸모없다
같이 있는 것조차 싫다

눈가의 마른 눈물 이리저리 비벼대며
엄동설한 마른 북어 패듯
동네방네 시끄럽고
조강지처 머리 하얗게 세도록
밤이슬 친구 삼아 화투 패 돌리다
쩍 동트는 소리에
내복바지 이리저리 찢어내어 집에라도 들어오면
두 손 합장하고 빌고 비는 조강지처
공간과 시공을 넘어 살아서도 죽어서도
같이 묻히길 바람인가

두 손 모은 합장이든
무덤 속 합장이든
모두가 염원이지만
왜 이리 다른 걸까

마지막 순간에도

등산객 목을 축여주던 약수터는
해빙을 기다리고
옷을 벗어버린 가지 사이로
언뜻언뜻 보이는 하늘

하얗게 눈을 쓴 소나무
제 몸 이기지 못한 채
분주히 오가는 산새들의 배고픔에
그만 목이 부러졌지만
몇 남은 솔방울은 산새들의 먹이가 되어
고통 속에서도 먹이를 나눠주니

소나무는 산새를
산새는 소나무를 서로 아끼고
하늘과 산은 하나가 되어
산 너머 불어오는 삭풍마저
즐거운 노래되어 윙윙거립니다
준다는 것과 받는다는 것이
다 같은 기쁨으로……

기다림

겨우내 그립습니다
아직 오지 않는 봄인 줄 알면서도
햇볕과 달빛만으로는
언제 올지 몰라 불안한 깃발을 휘날리며
따스한 온돌 위에서도
밤의 상흔과 고독은 왜 이다지도 길고 긴지

열을 지어 달랑달랑 죽음의 비탈로 지나는
그 많던 개미들 소식 끊기고
하나 둘 흰 옷으로 갈아입은 나무들은
화려한 욕망을 버린 채
번개처럼 스러졌습니다

오직 난 조각난 침묵과 공포로
오지 않는 봄을 기다리지만
쉼 없이 내 귓가에 들려오는 건
겨울바람 뿐

사랑하는 사람을 기다린다는 것이
얼마나 가슴 저린 눈물인지

조금은 알 것 같습니다
기다린다는 것은
시간을 보내는 것이지만
반드시 따스한 봄이 온다는 것을 알기에
이 겨울도 춥지 않은 것입니다

너로 인해 작은 별이 되다

하루 일을 마치고 나면
파김치가 되어 먼 창공을 본다
누군가를 아무 이유 없이 그리워한다는 것은
그저 보고파서 보고파서가 아니라
내 마음속에 새겨둔 미움 때문이다

지치고 힘들 때
마음 둘 곳 없어 헤맬 때
그저 작은 어깨라도 넌지시 내밀며
나를 다독이던 당신

내가 진정 사랑하는 사람이라
생각하지는 않았지만
말없이 흐르는 강물이 되어
밤마다 별로 뜨니

이 세상 다하는 날까지
함께 있자 하지는 못했지만
이 세상 다하는 날까지 위안을 주마
하지는 못했지만

따듯한 기억 하나 남겨두고 떠난 그대가
진정 미워
밤마다 나 또한 작은 별로 떠서
그대 잠든 곳 은은히 비추련다

눈

뿌리 밑 깊숙이 재워 논
지난겨울 이야기를
별빛과 햇살과 열매로 이야기한다

고난의 결실인지
열망의 결실인지
눈에 샘물을 달고 한없이 밀려오는
마른 나뭇가지
반가운 까마귀로 지저귈 때면
마음은 만삭이 되어
해산을 기다리지만

어쩌다 찾아 온 슬픈 자귀
거북 등처럼 딱딱한 살갗을
침묵으로 쪼아대며
말라버린 빛깔 한 방울 삼키고
긴긴 겨울밤에 매달려
목 놓아 운다

줄탁동시啐啄同時

하느님께서 태초에 사람을 만든 것은
외로움을 서로 달래며
서로에게 의지가 되라는 것이라 생각했다

그래서 오른쪽이 있으면 왼쪽을 만들고
좌우대칭으로 눈을 두 개
각을 이루기 위해 두 개의 귀와
하나는 들이마시고 다른 하나는 버리기 위해
두 개의 콧구멍을 만들고
빨리 걷지 못하도록 가랑이 사이에
두 개의 다리를 만든 줄 알았다

그런데 참 이상하게도
은밀한 곳에 둔 것은
각각을 맞추어야만 둘이 되어
기막힌 하나를 이루게 된다니

사람에게 가장 큰 무기인 입도 하나인데
생각해 보면
하나는 정말 위험한 것이니라

실직자의 저녁 만찬

걸음을 걸을 수 없었다
두고 온 가족보다 내 창자부터 채워야 했다
이 약소한 운명 앞에
죽음과 공포로 촉수를 흔드는
작은 귀뚜라미 되어 불꽃의 밤을 서성였다

어머니 뱃속에서부터 젖을 찾아 헤매던 나는
부스러기 빵조각이라도 땅에 떨어지면
다 헤진 옷으로 살며시 덮어
내 몸 쪽으로 끌고와
어린시절부터 노란 눈동자를 좌우로 흔들며
나와 비슷한 아니, 나를 닮은 형제들을 경계하며
사정없이 물고 늘어지곤 했지

그 옆 사내도 그랬을 것이다
빵 부스러기가 땅에 떨어지자
제어할 수 없는 떨리는 손으로 냉큼 주워들어
그래서 고기인 줄 알았던
그 불개미들의 선정이
팔 사이로 촘촘히 새겨 있었다

바람에 촛불이 흔들리는 밤

사람이 살다보면 어찌 편안만 하겠는가
잘 먹고 잘사는 사람도
돈 없어 구걸하는 사람도
속내를 들여다보면
한 가지씩 고민이 있는 법

나에게만 이런 시련이 있는 거냐고
좌절하고 세상을 미워하고 분노하지만
어느 누구도 피할 수없는 고민은
사람을 성장시키기도 하고
수렁으로 밀어 넣기도 하지
어찌 사람만 고통이 있겠는가

한 송이 꽃을 피우기 위해
한 떨기 새순을 내기 위해
한번의 날갯짓을 위해
한번의 잠영을 위해
그 지독한 겨울과 수없는 날갯짓과
숨 막히는 고통 속에서
비장의 내일은 그렇게 다가오는 거겠지

바람에 촛불이 흔들리는 밤
마음을 온전히 침식되는 땅에 납작 붙이고
언젠가의 큰 비상飛翔을 위해
여유롭게 가질 수밖에

나눔의 집에 핀 꽃

어두운 밤 걷어치우고
새벽녘 별들의 눈처럼 초롱하게 빛나
신명나는 북 하나 주워들고
두둥실 두둥실 춤을 추자

먼 죽은 시간 속에
몸부림치며 뒹굴던 일그러진 일들은
사과 빛 태양에 맡겨두고
어리고 맑은 까만 눈동자의 삶이
역사의 모닥불 속에 쪼개지며 다시
타오르도록 진혼굿을 하자

이 몸짓이 눈물 나는 기쁨이 되어
아키토의 심장 속에 파고들어
참회와 반성으로 피를 토하고
작은 용서로 우리 마음속에
환하게 벙그는 반야의 꽃으로
자자손손 퇴촌 뒷산에
피우게 하리라

여전히 천둥은 친다

어느 허름한 초가에서
엄마의 탯줄에서 풀려나자마자
눈뜨고 바라본 세상은 무엇이었을까

나이 들어 자식을 낳을 때쯤이면
정말 좋아질 거라는
어머니의 말은 거짓이었다

학교에 다니기 전에 이미 난
수인 번호가 찍힌 그 좁은 공간에서
부당하게 억눌리며
사육되어가는 사람을 보며
편견을 알았고

학교에 가서는
부모의 경제가
학교 선생의 지식과 일치하는
부조화를 보았다

졸업을 하고 취직을 해서는

편견과 부조화는 눈덩이가 되어
밀실 담판으로
줄 없고 권력 없는 나는
개밥의 도토리가 되어
이리 굴리고 저리 굴려져
결국 말라 비뚤어져
시궁창에 버려지는 신세가 되었다

소나기가 지나고 나면
무지개가 뜰 거라는 어머니의 말은
여전히 거짓이었다

숭례문 불타는 날 아버지를 그리며

천농賤農으로 살다가
그 시신마저 땅에 묻히지 못하고
훨훨 하늘에 뿌려진 아버지

어릴 땐 한국전쟁
장년이 되어서는 민주화운동
어른이 되고 난 후에는
핍박의 아이엠에프가 있었고
농사를 지으며 죽어라 죽어라 살다
에프티에이가 있을 때도
죽지 않고 살았던 아버지

그저 탐내지 않으면 죽으라는 법이 없다며
물고기 뼈 같은 웃음을 웃으시고
출세는 할 수 없더라도 정직해야 한다며
사서삼경을 독파하시며
그중 제일은 예기禮記라며 슬며시
책을 내밀었을 때

'예기가 밥 먹여 줍니까'

분서아궁 한
어린 막둥이의 손을 잡으며
불태우는 건 천붕天崩이라며
아궁이에서 꺼내 그늘막에 말려
이 빠진 서랍장에 두었던 아버지

지금 내 눈 앞에 없지만
있었던 것만으로도 든든한 것은
어찌 된 것일까

숭례문이 불타 없어진 무자년 정월
대한민국 우리 모두
아버지를 그리는 이 마음과 같지 않을까

밤이 깊을수록 별은 빛나

사랑하는 사람과 헤어지고
슬픔과 고통은 해일처럼 심장 속에
복명覆命할 수 없도록 출렁입니다

밤이 깊을수록 별은 더욱 빛나
어두운 밤하늘 등불이 되어
헤매는 산새들의 길잡이가 되는데

어찌하여 고통은 심장을 누르고
혈관 깊숙이 출성하여
칼을 물고 실신하는 날이 왜 이렇게 많은지

밤하늘의 별이
긴 시간을 기다리며 어둠을 맞이하듯
숙명처럼 촉음觸飮을 보내다 보면
이별은 아름다운 추억이 되어
마음속에 찬란한 보석으로
유유히 빛날는지

보복

세월은 날마다 흘러
뚜벅뚜벅 발자국 소리에
심장이 조여오고

오늘은 이미 흘러
내일이란 겨우 숨통을 연장한
슬픈 아침의 이슬 같아

사람이 사람을 죽이고
좁은 공간에서 삶을 잃어갈 때
비로소 법으로 집행되는 사형도
결국은 작은 보복일 뿐

한겨울 버림받은 꽃에게도 희망은 남아
찬 기운 아직도 천지를 휘감고 있는 밤
별들은 저마다의 빛으로
차가운 대지를 적시고
아무도 가지 않는 길을 향해
잣나무는 팔을 뻗어 허공을 적신다

스치는 찬 기운에 소스라치게 놀란
목련과 매화도 서서히 봄을 준비하듯
꽃망울은 더 강하게 꽉 다물었다

생존을 위한 처절한 몸짓으로
땅에 넘어지면
창공을 디디고 일어날 수 없으니
땅을 디디고 일어나는 것처럼
찬 기운에 의지한 꽃망울들

이라크 아부그라이브 포로수용소
전쟁의 상처로 포로가 되어
다시 전쟁으로 풀려날 수 있다는
한결같은 말들은 억지로 보이지만
꽉 다문 꽃망울과 너무 닮아
언젠가는 환하게 웃을 수 있으리라
우리 집 뒷산
꽃망울 머금은 목련과 매화처럼

근심 없는 집은 없다

나는 늘 옆집 여자를 부러워했다
하얀 백지 같은 얼굴
미꾸라지 같은 몸매에
긴 사슴 같은 목덜미와
섬광 같은 눈빛과 연분홍 얼굴
무엇보다 옆집은 늘
시원스런 웃음이 떠나질 않았다

어디 한번 외출할 때면
다정스런 남편과 손을 맞잡고
수런스럽지 않고 온아한 모습으로
보잘 것 없는 나에게도
반가운 인사로 따스함을 보내주었다

그녀의 삶은
온 동네 부러움의 대상이었는데
그 집 남편의 자살 소식이
신문지 작은 구석에
아내와 남자친구와의 다정스런 포옹 장면과
오버랩 되어 실려 있었다

허망한 분노

허물어져가는 폐가는
커다란 기둥으로 무거운 서까래를 견디며
사람의 온기를 기다린 지 오래인데
살기 힘들 줄 알면서
도시로 떠나올 때 이미 우리 마음은
부푼 풍선에 구멍이 난 듯
조금씩 바람이 빠져가고 있었다

꽉 다문 주름진 입가에서는
소금을 뿌려놓은 듯 허연 김이 배어나오고
두 눈은 얼음에 삭혀놓은 동태눈처럼
핏기가 가신지 이미 오래인데
죽음을 기다리는 사형수의 몸짓으로
모든 걸 포기한 우리 안의 맹수처럼
시위를 떠난 화살은
과녁이 아닌 허공을 치달렸다

살아야 한다 살아야 한다
기필코 살아
나를 기다리는 처자식 그

따스한 품속으로 돌아가야 한다
단 한번도 나를 내몰지 않던 어머니
반쪽을 나누어 먹으며 허기를 달래고
더 많은 조각을 내밀던 형과 누이
행불자가 되어도 피죽을 먹어도
다 쓰러져가는 초가와 남생이 밭이 있으니
기둥이 아닌 온기로 집안을 지탱해 달라는
아버지를 위해 꼭 살아야 한다

불빛이 빛나는 빌딩 속
보금자리를 갈망했던 지난날은
발 앞에 뒹구는 낙엽처럼 통곡 속으로 사라지고
그리움조차 묻어버린 지난 날

이제 혼자였다는 착각을 버리고
훌훌 날개 달고 날아가
은혜로운 서설이 쌓인 집
내 온기로 녹여내어
맑은 생수가 흐르도록 해야 한다

욕정

겨울이 지나자
나뭇가지에 바람이 박혔다

내 귀에도 바람이 박혀
간질병 환자처럼
몸이 근질거린다

경비견처럼 웅크린
바람이 드디어 걷히고

파란 성체가
몸 달아오른다

나를 태워 당신이 산다면

그를 보면 아직도 난
칡넝쿨처럼 뻗어 올라
그 잔잔한 잎사귀로
아픈 세월 잔인했던 기억을 휘감고 돌아
아무 일 없는 간난아이처럼
엄마 품에 안겨 그저 웃습니다

초경이 터진 어느 여름날 저녁
그는 감자를 캐듯 사뿐히
서러운 내 가슴을 헤집으며
다가왔습니다
사경을 헤매며 세월의 척추를 넘어온
팔 한쪽을 겨우 움직이는
그래서 장애라 하는 나에게

한순간 나는 펄펄 끓는 심장에
고분고분 비추는 고운 햇살이 너무 무서워
모시 이불을 뒤집어쓴 채
가재미눈을 뜨고 바라보았습니다

태초에 하늘이 처음 열려 인간을 만들고
며칠이 지나 감정을 만들어
그 가슴속에 숨겨둔 이유를 이제
알 것 같습니다

심장 박동은 멈추지 않고
숨기면 숨길수록 더욱 드세어져
마음속은 거센 파도를 만난 돛단배처럼
심하게 출렁이고 있습니다

신이 내려준 것은
주체할 수 없이 나약한 몸이지만
그가 행복하다면 아니
나의 이런 부탁을 받아 준다면
곪고 썩어가는 살점을 태워
새 살 돋아나듯 마음을 열어
당신 곁에 머물고 싶습니다

참 고민 된다

다시 태어나면
선인장이 되고 싶다
모래 속에 작은 도마뱀 머리 이고
잔뿌리에 물 한 모금 둥글게 말아 넣고
밤이 되면 내뱉고
흰낮에는 삘아 물어

이제 막 태어난
생명의 잔 가시 배시시 뿌려내어
아침이슬 밟으며 다가온 카멜레온처럼
거대한 성을 이루리

그래 그래서
정말 잘 태어날 수 있다고 큰소리치고도
한더위가 몰아치면 숨이 막혀
더 이상 혼자 버틸 수 없어지면
도마뱀 배설물을 받아먹어야 하니
자존심이 상해
선인장도 참 고민 된다

너 하나를 담으며

얼음장 밑 강물은 그저 말없이
햇살과 달빛을 달고
가만히 숨죽이며
저 바다 깊숙이 돌아오지 않을
망각의 분노를 가라앉히고
텅 빈 마음으로 흐른다

모든 것을 잃어버린 시간
미움도 그리움도
사랑도 아픔도 지나간
강가의 가장자리에 서서
아직도 흘러야 할 그리움 남아 있기에
나는 오늘도 이 강가를 서성이며
끝나지 않는 내일을 위해
너 하나를 담는다

해 설

봄 햇살 같은 따뜻한 시선視線

- 박승룡 시인의 시세계 -

이 춘 원(시인)

1. 문을 열며

시는 자신의 정신세계를 표현하는 작업이며, 시를 쓰는 것은 자신을 맑히는 일이다. 맑은 마음으로 쓴 시만이 감동을 주고 진실성으로 독자를 설득할 수 있을 것이다.

자신을 맑힌다는 것은 진실해진다는 것을 의미한다. 투명한 마음이 되지 않고는 이면에 숨겨져 있는 진실을 발견할 수 없고, 진실을 말할 수 없으며, 진실한 글을 쓸 수도 없다. 시는 진실해야만 하는 이유가 여기에 있다.

시를 쓰는 것은 자신을 발견하고, 그곳으로 돌아가는 것이다. 즉 자기 자신의 내적內的인 진실성을 확보할 때만이 진실한 시를 쓸 수 있기 때문이다. 눈에 보이는 것만으로 대상을 파악하는 것과는 달리 시인은 외형으로 보이는 것을 넘어서 그 속에 있는 진실을 볼 수 있어야 한다.

시 창작의 중요한 과정 중의 하나가 '보는 것' 즉, '시선視線'이다.

보고 들은 것이나 경험한 것을 자신의 내적 사고를 통하여 마음으로 정리하는 것을 발상의 단계라고 한다. 우리 마음에 어떠한 상像이 그려지기 위해서는 우리는 무엇인가를 보아야 할 것이고, 보아야 느낌이 있을 것이다.

우리는 세상을, 사물을 그리고 사건을 어떻게 볼 것인가? 이것은 시인의 심성心性과 깊은 관련이 있으며, 시 창작에 그리고 시의 내용에 지대한 영향을 미치는 중요한 요소이다. 어떠한 마음을 가지고 대상對象을 보느냐가 발상의 단계에서 중요하다.

그래서 한 시인의 기본적인 시선視線은 그 작품의 성격을 결정짓는다고 할 수 있다. 시인의 기본적인 시선은 따뜻해야 한다. 따뜻한 시선은 따뜻한 마음에서 나올 수 있다. 따뜻한 가슴에서 우러나와 따뜻한 시선으로 보고 느끼는 시야말로 따뜻한 감동을 주는 시가 될 것이 분명하다. 따뜻한 시라야 독자로 하여금 위로를 받게 하고 소망을 갖게 할 것이다. 따뜻한 가슴으로 외로운 자들의 가슴에 감동을 주고 사랑을 느끼게 하는 시를 쓰는 것이 이 시대에 시인들의 사명이며 나아갈 길이라고 생각한다.

아래에서 시적 대상을 바라보는 시인의 시선을 중심으로 박승룡 시인의 시세계를 살펴보고자 한다.

2. 봄 햇살 같은 따뜻한 시선

봄이 되면 새싹이 나고 꽃이 피어난다. 여기에는 무엇보다도 봄 햇살이 따뜻하기 때문에 깊은 땅 속에서 월동을 하였던 새 생명이 연초록 소망의 등불을 켜고 세상에 나올 수 있는 것이다. 죽은 것 같던 나무둥치에서 새순이 돋고 잎과 꽃이 피어나는 것도 따뜻한 봄 햇살 덕택이다.

박승룡 시인의 작품들은 봄 햇살 같이 참 따뜻하다. 그것은 시인의 심성이 따뜻하고 그의 시선이 따뜻하다는 증거일 것이다. 이번에 엮는 시집도 장애이웃들과 함께하기 위하여 발간하는 것으로 들었다.

시인은 작품 〈실직자의 만찬〉 〈어느 장애인의 죽음〉 〈원곡동 사람들〉에서는 소외된 가난한 이웃들의 아픔을 바라보는 관심의 시선이 따뜻하다. 땅에 떨어진 빵 부스러기를 향해 어쩔 수 없이 손이 가야 하는 배고픔과 무너지는 자존심을 나무라는 것이 아니라, 그들의 현실에서 함께 바라보아주는 시선을 느낄 수 있다.

한 장애인의 죽음을 보고 세상 사람들은 나타난 사실에 대하여 안타까움만을 느낄 때, 시인은 그의 마음에 들어가 동일화 되어 그 죽음 이전의 장애인의 삶과 그의 마음을 세상에 대신 드러내어 준다.

> 비록 두 발로 걸을 수 없는 몸이지만
> 이제 날개를 달고

……
다시 태어나도 어머니 딸로 태어나
봄이 오지 않은 우리 집에
환한 꽃을 피우렵니다

– 〈어느 장애인의 죽음〉 부분

장애를 가진 육신을 벗는 날 그녀는 날개를 달고 꿈꾸었던 곳을 향하여 날아갈 수 있다. 죽음이 부자유한 육신의 장막을 벗어버리고 진정한 자유를 얻을 수 있다고 노래한다. 죽음을 보고 안타까워 눈물 흘리는 사람들에게 '나는 이제 진정한 자유를 누릴 수 있게 되었다'고 외치는 것이다. 이제는 다시 태어나 자신으로 인하여 늘 우울하고 아팠던 가정에 환한 꽃으로 피어나겠다는 마음을 노래하는 것이다. 시인은 짧은 세상을 살면서 한번도 가족에게 기쁨을 주지 못하여 아파하던 사람의 깊은 가슴 속의 진심을 대신 노래한다. 따뜻한 마음이 없으면, 따뜻한 시선이 아니면 차가운 죽음의 현장에서 그녀가 품었던 아름다운 마음을 바라볼 수 있었을까?

세상살이 어두워
죽음 끝을 헤매다 문득
고향에 두고 온
그 똘망한 눈이 생각나

혀끝으로 눈물 훔쳐내는 밤

— 〈원곡동 사람들〉 부분

먹고 살길이 막막한 현실에서 사랑하는 사람들을 위하여 멀고 먼 이국땅에 와서 몸부림치지만 세상살이는 죽음의 끝에 서있는 듯 늘 아슬아슬하기만 하다. 이제 사랑하는 아이들 생각에 눈물이 나오고 당장 돌아가고 싶어도 빈손으로 갈 수 없는 아픔이 있다. 시인은 스리랑카에서 꿈을 안고 찾아온 이주민들의 삶의 현실에 들어가서 그들의 눈물을 대신 흘리고 있다. 나 혼자만 잘 먹고 살면 그만 아니냐는 이기주의가 팽배한 시대에 살면서 검음 피부의 이방인들의 고단한 삶에 눈물 흘리는 따뜻한 심성의 시인을 만난다.

3. 기다림의 열망에 담김 소망의 시선

실존주의 철학자 키에르 케고르는 '죽음에 이르는 병'은 바로 '절망'이라고 했다. 우리의 삶은 늘 기쁨이고 희망적일 수만은 없다. 때로는 절망의 구렁텅이에서 벗어날 수 없어 몸부림치는 아픔이 그칠 날이 보이지 않을 때도 있다. 요즈음 우리의 현실이 그렇다. 대학을 졸업하고 당당하게 세상에 나와 일을 하고 능력을 발휘하고 싶은데 젊은이가 일할 일터가 없다. 아직도 할일이 많은데 어느 날 직장에서 쫓겨난 40대 가장의 슬픈 현실도 있다.

절망의 무게를 감당하지 못하고 부족할 것 없어 보이는 재벌도, 많은 사람들의 사랑을 받던 인기 연예인도, 존경받는 교수도 스스로 죽음을 선택하는 사람들을 우리는 보았다. 그들을 죽게 한 것은 물질과 지식, 명예가 부족하여 그런 것이 아니다. 그들에게 소망을 바라보는 눈이 없어서이다. 그들의 마음에 기다림의 아름다움을 아는 속 깊음이 없어서이다.

박승룡 시인의 작품에 등장하는 사람들은 거의가 적어도 세상 사람들의 눈으로는 절망적인 상황 속에 있는 사람들이다. 그러나 시인은 그들의 절망적인 상황을 보는 것이 아니라 내면에 담겨 있는 소망과 그 소망을 기다리는 아름다운 인내심을 본 것이다.

모든 것을 잃어버린 시간
미움도 그리움도
사랑도 아픔도 지나간
강가의 가장자리에 서서
아직도 흘려야 할 그리움 남아 있기에
나는 오늘도 이 강가를 서성이며
끝나지 않는 내일을 위해

– 〈너 하나를 담으며〉 부분

작품 〈너 하나를 담으며〉를 보면 얼음장 같은 현실 속에서도 망각의 분노를 가라앉히고, 아직도 흘려야 할 그리움이 남아 있기에 '텅 빈 마음으로' 그 끝나지 않은 내일을 꿈꾸며 흐른다. 또 다른 작품 〈그리움〉에서는 기다림에 지친 안타까운 심정이 '당신의 입김' '봄비'에 풀어지는 날을 소망하는 마음으로 담겨 있다. 기다림 끝에 아름답게 피어나는 '그리움의 꽃'을 보게 된다.

> 밤이 깊을수록 별은 더욱 빛나
> 어두운 밤하늘 등불이 되어
>
> – 〈밤이 깊을수록 별은 빛나〉 부분

박승룡 시인에게는 암울한 상황이 결코 절망이 아니다. 기다려야 하는 그리움의 대상이 있고, 기다려야 하는 분명한 이유가 있다. 절망 가운데 등불이 되는 것이다. 보이지 않는 곳에서 소망의 빛을 발견하고, 그 빛을 독자들에게 작품으로 공유하고 있다.

4. 희생과 인내에서 키워낸 사랑의 시선

세상의 가치 중에 가장 값있고 소중한 것은 '사랑'이다. 요즈음 세상에 각종 범죄가 발생하고 사회적으로 혼란을 겪는 것도 사랑의 부재가 가장 큰 원인이다. 참사랑은 희생과 헌신이 뒤따른다. 자신을 위해서는 물불을 가리지 않지만 남을 위해서는 지극히 몸을 사리는 세태 속에서 약한 사람들은 참 많은 눈물을 흘리고 산다. 그 아픔을 알아주는 이 없어 더 서럽고 기가 막히는 것이다.

신이 내려준 것은
주체할 수 없이 나약한 몸이지만
그가 행복하다면 아니
나의 이런 부탁을 받아 준다면
곪고 썩어가는 살점을 태워
새 살 돋아나듯 마음을 열어

– 〈나를 태워 당신이 산다면〉 부분

박승룡 시인은 가난하고 소외되는 사람들을 바라보는 시선이 참 고운 시인이다. 그는 사랑의 시선으로 대상을 바라보고 있다. 겨우 한 팔을 움직이는 장애의 몸을 갖고 살아가고 있지만, 자신을 불사를 수 있는 사랑의 용광로가 펄펄 끓고 있는 사랑을 찾을 수 있는 시선이다.

처마 끝 호롱불 여위어가는 모습이
가장 아름다운 것을

– 〈나 이제 알 것 같아요〉 부분

세상에서 가장 아름다운 사랑은 자기희생의 사랑이다. 시인은 자신을 태워 여위어 가는 호롱불에서 무엇

과도 견줄 수 없는 아름다움을 발견한다. 그것은 희생이 있기 때문에 빛이 나는 것이요, 그 빛이 암흑을 밝혀줄 수 있기 때문인 것이다.

5. 글을 맺으며

박승룡 시의 특징을 하나 더 든다면 비판적 사회참여의식이다. 작품 〈예슬 혜진 특별법〉 〈남북정책〉 〈보복〉 등에서 보면 약간은 냉소적인 사회비판 의식이 깔려 있음을 볼 수 있다. 국가와 사회의 현실에 대한 적극적인 개혁을 선도하는 비판이라기보다는 아쉬움과 안타까운 심정을 표현하여 소극적 비판의식의 표출이다.

특별법을 만든다니
자식을 둔 부모들에게는 좋은 일이라지만
싸늘한 주검으로 돌아온 아이들
이름만으로도 가슴이 쓰리고 아플
그 부모는 어찌 되는가

– 〈예슬 혜진 특별법〉 부분

2008년 3월에 발생한 혜진 · 예슬 양 실종 · 피살사건을 계기로 반인륜적 흉악범죄가 발생할 때마다 수사기관이 피해자의 인권보다 피의자의 인권을 더 중시한다는 비판적 여론이 비등하였다. 사회적 지탄을 받는 흉악범에 한해 수사단계에서부터 얼굴과 이름을 공개할 수 있도록 하는 가칭 '혜진예슬법' 즉 '특정 강력범죄의 처벌에 관한 특례법' 개정안이 발의되었다. 이것은 미국의 제시카법처럼 희생자의 이름으로 법명을 만들려는 시도로 청소년 범죄에 대한 경각심을 높이려는 의도에서 여론화 되었던 것이다.

시인은 희생당한 부모와 가족들의 입장에서 그들이 품고 살아가야하는 아픔을 본 것이다. 그러나 적극적인 반대주장이 아니라 '혜진 예슬 부모는/ 죽을 때까지 아니/ 저승에서도/ 눈물 마를 날 없겠네'라는 안타까움을 드러내고 있다. 또한 작품 〈보복〉에서도 사형제도는 법으로 집행하는 또 다른 보복이라고 반대의 입장을 밝힌다. 그러나 역시 안타까움과 회의적이라는 소극적 비판의식으로 역시 숨을 죽이는 모습을 볼 수 있다.

지금까지 박승룡 시인의 시세계를 시적시선詩的視線을 중점적으로 개관하여 보았다. 시적 완성도나 시적 감동을 떠나서 사람과 사물, 사회현실을 보는 시선이 따뜻하고 소망적인 것을 작품을 통해 보았다. 희생적 사랑을 바라보면서 그 사랑을 드러내 알리고자하는 시인의 마음을 읽을 수 있었다.

시는 시인의 삶의 결과물이 될 때 가장 아름다운 작품이 될 것이다. 박승룡 시인은 가난하고 소외되는 이웃들과 가까이 호흡하는 시인으로 알고 있다. 그들의 입장에서 생각하고 아픔을 나누는 삶의 결과를 시라는 형식을 빌려 노래하고 있다. 그래서 지극히 인간적이고 순수한 감동이 있다. 앞으로도 진실된 삶의 모습이 아름답게 형상화 되는 작품들을 많이 발표하여 세상에 사랑과 소망을 노래하는 시인이 되길 바란다.

꽃 하나 핀 것뿐인데

지은이 박승룡

1판 1쇄 인쇄 2011년 6월 15일
1판 1쇄 발행 2011년 6월 25일

발행인 김소양

편집주간 이꽃리
편집 이윤희
기획 전민상
마케팅 김지원, 이희만, 장은혜

발행처 ㈜우리글
출판등록번호 제 321-2010-000113호
출판등록일자 1998년 6월 3일

주소 서울시 서초구 양재2동 299-5 남양빌딩 6층
마케팅팀 02-566-3410 **편집팀** 02-575-7907 **팩스** 02-566-1164
홈페이지 www.wrigle.com **블로그** blog.naver.com/wrigle

값은 표지에 있습니다.
ISBN 978-89-6426-037-1 04810

잘못 만들어진 책은 구입하신 서점에서 교환해드립니다.